Enan
6 2025.

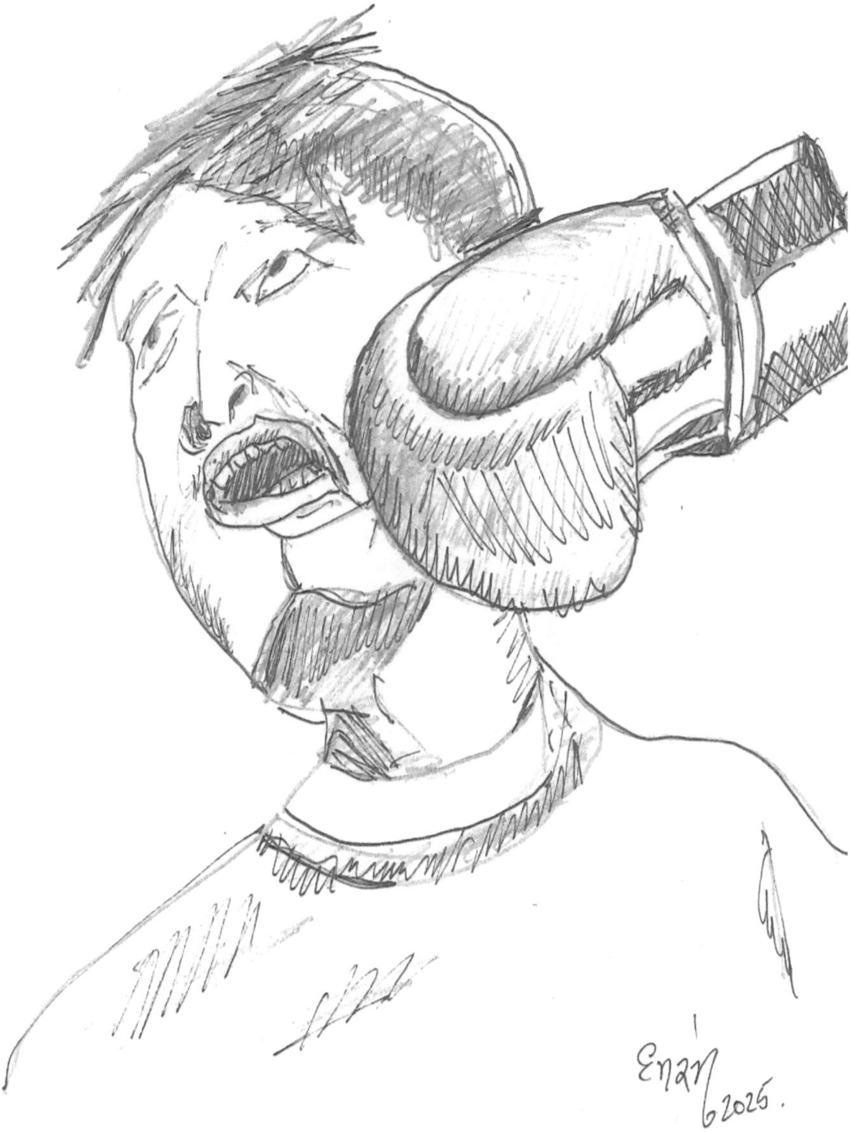

Enán Burgos

K.O.

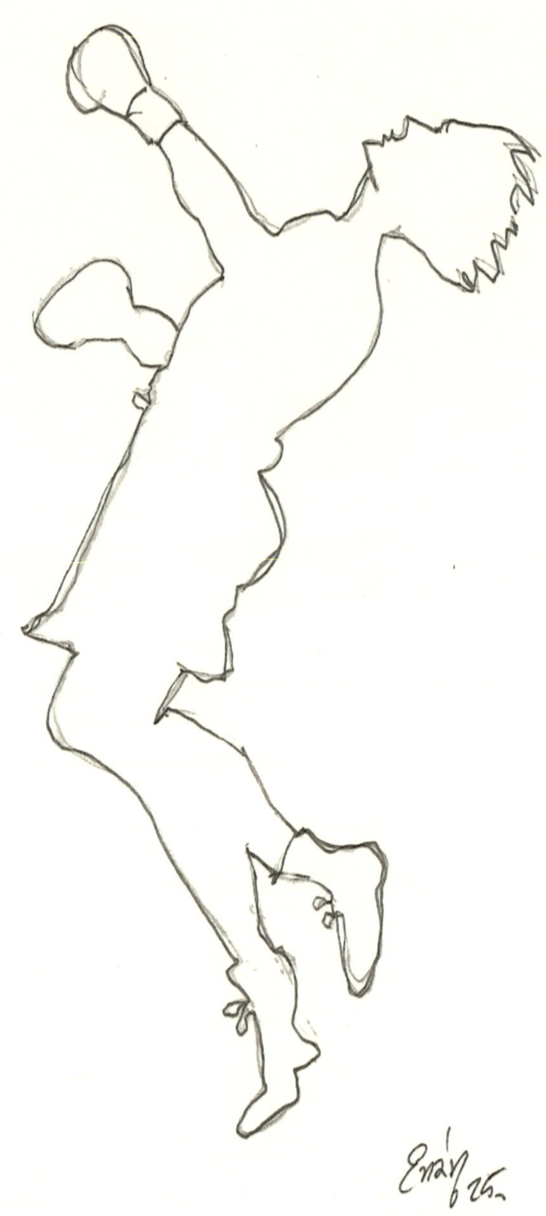

PERSONNAGES :

ADAM : un narcisse maniaque.

ÈVE : drag queen.

VIEUX VESTON : un veston chaud mais très usé.

KELVIN COX : un blouson très chic.

DÉCOR :

La scène est divisée en deux espaces distincts. À l'avant, une estrade en forme de **T**, évoquant les podiums de défilés de mode, s'avance vers le public, réparti de part et d'autre. À l'arrière, un cadre au style kitsch, reproduisant un miroir grandeur nature, occupe toute la largeur de la scène. À l'intérieur de ce cadre, un portemanteau supporte deux costumes : **Vieux Veston** et **Kelvin Cox**, suspendus côte à côte.

ROUND 1

Dans la pénombre, les battements sourds de la techno épousent les éclats d'une lumière froide. Adam, silhouette androgyne, surgit, tournant le dos au public, face à un miroir. Vêtu d'un justaucorps de danseur couleur chair, il évolue avec une gestuelle ambiguë, mêlant grâce féminine et puissance masculine. La musique s'éteint à mesure que sa voix prend le relais, chuchotant dans le silence naissant.

ADAM

Eh oui, ce soir, la neige fait des siennes, mais moi, je fais ma star !
Prisonnier de l'hiver ? Jamais de la vie !
Cet enfer polaire : -15°C, un vent à décorner les yakuzas… Bref, la Sibérie version discount. Ça suffit, je déclare la mutinerie !
Où est mon iPhone ? Déjà l'heure de sauver ma soirée (et ma santé mentale).
Il se précipite vers le portemanteau comme si le salon était en feu.
La grande question existentielle : « Je m'habille comment ? »

Porter son pyjama pilou en public, c'est audacieux…
mais un peu trop tape-à-l'œil, non ?
Et ces trois crétins dans l'histoire ? Je les surveille comme un
kangourou garde son sac. Ça sent le coup fourré.
Leur passe-temps favori ? Critiquer tout le monde. Champions
olympiques du jugement gratuit.
Ils ont toujours raison ? Bravo, voici la médaille du
« Moi-je-sais-tout » en or ! Prix incluant une malédiction démodée.
Triste amitié…
Non, je ne m'habille pas pour eux. C'est pour moi. Pourtant, leurs
rires moqueurs… Une vraie torture
Debout, l'artiste !
Mais pour qui ils se prennent, ces gens ?
Leur piège est gros comme un camion…
Impossible de les voir en peinture !
Ce trio infernal, c'est la malédiction du siècle.
Et franchement, malgré leur compte en banque gonflé à l'hélium,
leur style, c'est « désert vintage » – sec, triste et sans saveur.
Leur seul talent ? Avoir un arbre généalogique
plus fourni que leur CV.
« Je ne suis pas riche. » – Déclaration choc à 22h devant Netflix et
mon paquet de chips.
La pauvreté, ce sport extrême où tu perds même quand tu gagnes.
Ma famille ?
Une brocante de cauchemars. J'ai déserté ce club Med' de l'ennui.
Je refuse de vivre parmi ces porteurs de cercueils.
La mort joue à cache-cache ? Moi je triche.
Objectif : être le dernier à rendre les clés.
La misère ? Un kebab sans sauce. Un jour, j'aurai les moyens de
prendre des frites avec.
Sinon, je me barre sur Mars – au moins là-bas, y'a pas de crédit
immobilier à rembourser.
Bref, maintenant, je peux me volatiliser en paix.
Ma vie, je la cisèle comme un diamant.

Roi, je le serai —
costume qui éblouit, regard qui foudroie.
Un geste, un doigt levé,
et le monde pliera.
À celui qui ose défier…
gare à la tempête, mon frère.
Un roi reste un roi.
Et cette ville, voyez-vous…
Paris étouffe sous le chaos,
elle sombre dans l'absurde.
Moi, j'en ris, car c'est grotesque —
évidemment que c'est grotesque !
Mais voilà le drame :
la folie a trop longtemps régné.
Bande de petits filous pas fins !
Une ville, ça se construit avec des neurones,
pas avec des poissons trop cuits !
Je le veux, nom d'un cupcake !
Ces zigotos qui traînent à tous les coins,
ça me donne des envies de karaoké !
Allez, lâche ton tube, mon pote,
improvise-toi star,
sans te creuser les méninges.
Déploie tes ailes, saisis l'instant,
Surfer sur le flow, défonce les codes,
Boom ! Le beat explose en éclats.

ROUND 2

Adam enfile son blouson et se lance dans une danse fiévreuse. La musique enfle, martelant l'espace tandis que les lumières de la boîte de nuit zèbrent l'obscurité en pulsations saccadées. Sous les éclats du stroboscope, ses gestes se décomposent, comme happés par un rythme hypnotique. Soudain, Ève fait son entrée, escaladant l'estrale avec une grâce provocante. Elle avance, imposante dans ses cothurnes vernies, un vrai boa enroulé autour de son cou. Dans une main, elle agite un flacon de popper qu'elle balance avec désinvolture. Adam, comme attiré par un aimant, quitte la piste. Il se rapproche, docile, tel un chien soumis à son appel. Ève lui tend le flacon ; il renifle, les pupilles dilatées. Alors, la musique s'étouffe, baissant d'un cran.

ÈVE

Ah te voilà ! J'ai fait trois fois le tour de l'Éden, j'ai même demandé à un serpent s'il t'avait vu.

ADAM

Ugh… T'as encore oublié la notion d'espace perso, chérie ?

ÈVE

Deux minutes ! Juste pour cueillir une pomme… ensemble. C'est romantique, non ?

ADAM

Regardant sa montre Apple primitive.

Impossible ! J'ai Zoom avec un producteur de fig leaves trendy en ce moment.

ÈVE

Ah… Tu veux qu'il te fasse une feuille sur mesure pour cacher ton complexe ?

ADAM

File ! Si on nous voit ensemble, mon image d'influenceur solitaire est foutue !

ÈVE

Main sur le cœur, drama queen.

Wow. J'ai nourri des koalas avec toi, Adam. KOALAS. Et là, tu me ghostes comme un mauvais date ?

ADAM

Écoute, c'est pas toi, c'est moi… Enfin si, c'est toi. Pars, s'te plaît.

ÈVE

Mon cher ex-adorateur de fesses, hier tu me taguais « Mon petit croûton de péché mignon » comme si j'étais une œuvre d'art (ou un sandwich au jambon), et aujourd'hui, tu me ghostes comme un épisode raté de Plus belle la vie ? Soit tu reviens me faire un bisou, soit je balance à tous tes potes que t'as sangloté devant La Passion du Christ… en version marionettes. Choix rapide, j'ai des screenshots et une mémoire sélective !

ADAM

Putain de vie ! J'en peux plus, moi, c'est trop ! Tu veux que je te dise ? J'ai que des prouts en guise de tendresse !

ÈVE

Aie pitié… Je ne te demande pas de m'aimer. Juste un slow moisi, une danse de mariés saouls, et après, je te laisse tranquille. S'il te plaît, mon croûton rassis.

ADAM

Rien à foutre. T'es chiante comme une facture d'eau ! Barre-toi avant que je m'énerve !

ÈVE

Promets-moi juste un déhanché ridicule… après, je me tire.

ADAM

Peut-être, mais dégage ton boa d'abord !

ÈVE

Tu es cruel… Tu me traites comme un vieux ticket de métro !

ADAM

Pas plus qu'un autre. Maintenant, évapore-toi !

ÈVE

Je suis juste une pizza froide à réchauffer ou jeter, c'est ça ?

ADAM

Qu'est-ce tu me veux, encore ?! Un certificat de présence ?

ÈVE

Mon croûton, tu sais bien… Je ferais même tes impôts pour toi.

ADAM

Attention, tu frôles le burn-out sentimental, là.

ÈVE

J'ai tort de t'aimer…

ADAM

Moi, c'est mon taux de cholestérol qui va exploser !

ÈVE

Serre-moi une dernière fois, et je te lâche.

ADAM

Non ! T'as mangé de l'ail !

ÈVE

Qu'est-ce qui te trouble ? Parle-moi.

ADAM

Ton serpent qui me mate avec ses yeux de psy low-cost.

ÈVE

Menteur !

Elle pose délicatement le boa sur un tabouret.

Ben-Hur est plus doux qu'une chaussette en cachemire !

Pourquoi les hommes le rejettent-ils ? Mystère et boule de gomme…

ADAM

Parce qu'il a l'étreinte d'un aspirateur mal réglé, ton serpent !

ÈVE

À mes yeux, il est pur comme un PQ neuf,

contrairement à tes potes crasseux qui croient que « hygiène » est un

verbe !

ADAM

Calme-toi, ton serpent a au moins le mérite d'être… exotique.

ÈVE

Le pauvre… Depuis une semaine, il a le blues des vacances.

ADAM

Lâche-le dans la nature, bordel !

ÈVE

Pour qu'il périsse ? Jamais !

Elle éclate en sanglots.

ADAM

Super, voilà la crise de nerfs en option deluxe…

ÈVE

Tu es pire qu'une facture imprévue… En quoi t'ai-je blessé ?

ADAM

C'est pas le moment, j'ai une réunion Teams dans deux minutes !

ÈVE

Il n'est pas trop tard pour sauver notre amour…

ADAM

Pars, et emporte ton serpent-doudou avec toi.

ÈVE

Cela faisait si longtemps que je n'avais plus aimé…

ADAM

Non mais… va liker ailleurs !

Moi, je suis solo – comme un avion sans pilote, et c'est très bien
comme ça !

ÈVE

Crois-tu qu'on puisse vivre sans amour ?

ADAM

L'amour ? Ça me donne des boutons, comme le lactose.

ÈVE

À la longue, le manque d'amour te rend aussi sec qu'un toast oublié.
Le sang s'épaissit, l'esprit part en live.

ADAM

Absurde ! L'amour, c'est comme un abonnement : tu paies, mais t'as
jamais ce que tu veux.

ÈVE

T'entendre parler ainsi me tue… Quelle soirée de merde !

Elle sanglote, enroulant son boa comme un écharpe malade.

Je pars. Mes copines m'attendent pour un dîner sans toi.

Tu ne me reverras plus. L'amour reste le seul dessert gratuit, et moi, je vais me resservir. Adieu, mon croûton…

ADAM

Ciao !

ÈVE

La voix tremblante comme une 4G en zone rurale.

Ah… Je me sens… Je me sens…

Comme une poêle antiadhésive qu'on a grattée avec une fourchette !

Ève s'enfuit. La scène s'éteint dans un noir total, accompagné d'une sonnerie de micro-ondes.

Fin de la scène, ou plutôt de la thérapie de couple avortée.

ROUND 3

Une mélodie ténue, murmurée, telle l'écho lointain d'un songe qui se dissipe. Adam gît au sol, prisonnier du cadre, vêtu de son veston, puis s'arrache d'un bond à sa torpeur. Le comédien, lui, donne vie aux rôles en sculptant sa voix, modulant les tons, jouant des accents et des silences.

ADAM

Ce mec n'a vraiment rien dans le pantalon !

Il est aussi vide qu'une poche trouée !

Le sexe et l'amour ne sont pas toujours liés.

Il quitte la scène et s'avance parmi le public, s'arrêtant juste devant l'estrade.

« Pour toi, je vais truquer mon sexe,

pour toi, je vais changer de peau. »

Voilà les sottises qu'il m'a débitées, ce pauvre imbécile.

Tu es gentil, mais casse-toi – ton désespoir morbide m'écœure.

Tes avances maladroites m'ont souillée ;

va répandre ton venin ailleurs,

Tu es la lèpre des abysses,

l'épouvante noyée dans un pot de chambre.

Je n'eus pas fini ma phrase qu'il s'enfuyait déjà,

pour le royaume des coïts anonymes.

Quelle angoisse, coucher avec un tel fléau

– rien de plus cruel !

Merde ! Pourquoi s'habiller ?

Tout devient compliqué à cause de ce principe.

Toujours cette obsession de la marque, mec.

Sans la marque, tu es rien !

Froid ou pas froid ? Voilà le dilemme.

Pourquoi devoir se vêtir chaque jour ?

C'était si simple avant, nus comme Adam, nom de Dieu !

Mais ce foutu péché a tout gâché.

Et qui faut-il blâmer ? Ce maudit serpent !

Ève ? Une traînée, un point c'est tout.

Et c'est ça, la vie :
Cycle infini :
on se réveille…
On s'habille, on se déshabille, et ainsi de suite…
Il retire son veston, puis retourne à l'intérieur du miroir pour le suspendre au portemanteau.
L'ennui, la routine, mec, ça donne envie de se flinguer !
Et puis non, je passe à l'antenne !
Il faut ceci, il faut cela, une litanie sans fin…
C'est pour ça qu'il faut innover, bon sang !
Toujours. Pour donner un sens à tout ça.
Si tout Paris s'y mettait, ce serait incroyable !
Hélas, Paris reste gris, crasseux, infesté de cafards…
Quelle horreur !
Changeons de sujet, avant que ça dégénère…
Dilemme absurde :
Je dois sortir, mais que porter ? Un casse-tête insoluble.
Blouson ou veston ?
Élégance malgré le froid,
ou conformisme douillet ?
Pratique, n'est-ce pas ?
Ma santé ou le regard des autres ?
- Salut !
- Salut !
Une première approche…
- Eh bien ?
- Eh bien ?
- Ça va ?
- Ça va.
- Fraîchement, et vous ?
- On allait justement t'appeler
- Tu fais partie de la bande, non ?
- À vous entendre… On dirait bien que oui.
- Allez, il faut y aller, les gars.

- Passage à l'antenne, figuration intelligente.
- Ton blouson est vraiment psychédélique !
- Kelvin Cox !
- Tu as dû y laisser une fortune ?
- J'ai fait une excellente affaire.
- Il est tombé du camion, celui-là !
- Absolument pas ! Et puis, franchement, vous êtes dégoûtants !
- Bon, il est temps d'y aller.
- Allons-y !
- C'est loin ?
- De l'autre côté de la ville.
- Putain, c'est vraiment pas la porte à côté !
- Et en plus, on est en retard.
- Qu'il fait froid ! Sec, oh là là !
- Je n'en peux plus de cet hiver, ce froid est infernal !
- Tu as le popper ?
- Zut !
- Espèce d'enfoiré, tu l'as oublié !
- Je l'ai laissé dans la poche de mon veston.
- Tu fais chier, vraiment !
- Et toi, je t'emmerde !
- Cessez, s'il vous plaît !
- Oui, arrêtez, cela suffit !
- Partons d'ici !
- La ligne 11 est à l'arrêt.
- Un malheureux s'est jeté sous le métro.
- C'est dingue !
- Ces derniers temps, ça arrive souvent !
- C'est terrifiant !
- Terrifiant ? Pourquoi ?
- La situation dégénère…
- Mais tout finit par passer.
- Mon Dieu, quelle horreur...
- Prenons un taxi.

- Où est-ce que je vous amène ?

-14, rue de la Môme, dans le 20e, s'il vous plaît.

- Aucun souci, je connais l'endroit.

- Il ne neige plus.

- Ouf ! Je déteste la neige !

- Arrête de dire n'importe quoi, la neige c'est magnifique !

- Je ne suis pas amateur de neige.

- Je préfère de loin les pays chauds.

- J'ai deux amis qui sont partis à Cuba.

Ils passent leurs journées à boire des mojitos

et à se saouler pour quelques dollars !

- Perso, je préfère me faire sauter dans la chaleur que dans le froid.

- Je trouve immoral de payer quelqu'un pour coucher avec soi.

- Ce préférable à ne pas baiser du tout.

- Sois moins grossier, s'il te plaît !

- Tais-toi, espèce de malotru !

- Ça me convient parfaitement.

- Tu crois vraiment ?

- Absolument !

- Bande de perruches, n'avez-vous rien de plus pertinent à dire ?

- Si, il nous faut une banane bronzée !

- Très intéressant, en effet.

- Adam, mon cher, tu es vraiment élégant !

- Ce blouson est magnifique !

- C'est fantastique !

- Là, tu fais preuve d'originalité !

Il sort du cadre et s'avance vers le public.

Les gens sont hypocrites, vous ne trouvez pas ?

D'un côté, ils vous couvrent de compliments,

de l'autre, ils vous poignardent dans le dos.

C'est comme ça, à Paris.

Moi, je fais exception – je viens de province.

Les Parisiens tolèrent tout, du moment que ça leur rapporte.

Pas de scrupules, pas d'éthique.

Des êtres déconnectés du naturel, habitués à la pollution,
toujours pressés, nerveux, comme des zombies dans le métro…
Et le pire ? Je suis devenu comme eux !
Je vous le dis, il n'y a pas pire que les Parisiens.
À commencer par leur maire, un vrai foutrecul,
et ses acolytes, des hypocrites que je connais trop bien.
Quant à son premier adjoint, avec son air de bureaucrate suffisant…
Il est pathétique.
- Adam, mon trésor, tais-toi !
- Pourquoi me taire ?
J'essaie de vous ouvrir les yeux. Mais enfin, soyez réalistes !
Vous ne me croyez pas ?
- Eh bien si, on te croit, mais tais-toi !
- On ne fume pas dans un taxi, messieurs !
- Qu'il la ferme ! On paie, donc on a tous les droits, non ?
- Chut ! C'est un Chinois, il va te démolir, ils font tous du karaté !
- Tu te trompes, le kung-fu est chinois, pas le karaté.
- C'est du pareil au même.
- Il est interdit de fumer dans mon taxi, messieurs !
- Désolé, mais ce sont des cigarettes ultra-légères.
- Quelle plaie ! On dirait qu'ils ont envahi la planète !
- Du calme, on arrive bientôt.
- On est en retard.
- Ça ne change rien, ça commence toujours en retard…
le temps de mettre la machine en route.
- Qui sera présent ?
- Bernard-la-pine, Laurent-le-goéland, Loulou-le-sangsue
et Jean-Sac-à-foutre.
- L'horreur ! Je ne supporte pas la gueule de ce mec !
- Allons, il est plutôt sympathique.
- C'est un taré !
- Absolument pas !
- Il est hilarant ! Et je suis bien placé pour le savoir.
- Tu as couché avec cette enclume ?

- Tu délires ou quoi ?! Jamais !
- Tu mens comme un arracheur de dents !
- Et toi, t'es une vraie tornade à drame,
tu commences à me siphonner le cerveau !
- Passif ou actif ?
- Pas pour toi, en tout cas !
- Combien de fois ?
- Une fois. Après, il m'a viré comme un malpropre. Quel prince !
- Quel enfoiré !
- Et pourquoi ?
- Oh là, Sherlock, calme-toi !
- T'es pire qu'un détective en crise de midlife !
- Quoi ? T'es hyper à vif !
- C'est à cause de toi !
- Non, toi !
- Mais… vous jouez à quoi, là ?
- À la guerre des boutons… version clown !
- OK, riez tant que vous voulez, c'est visiblement votre seul talent.
- Toi, tu sautes sur la moindre occasion pour te rattraper... comme un
chat sur une souris en papier.
- Et comment vous vous êtes rencontrés ?
- Par hasard en boîte. Un coup de foudre... ou un coup de folie...
- Il a tout de suite sauté sur toi, si je comprends bien ?
- Qu'est-ce que tu en sais, Sherlock ?
- Pff, il fait pareil avec tous les mecs. Et devine quoi ?
Il baise aussi avec des nanas !
- Non !
- Eh oui !
- Nous y voilà, messieurs !
- Combien on vous doit ?
- Quatre-vingts euros.
- Quatre-vingts euros ?!
- Eh oui, l'essence coûte désormais un rein… et un demi-foie.
- Ah, la fameuse excuse !

- C'est toujours la faute aux Arabes… ou à la météo, ou à Mélenchon,
ou à mon chat !

- Vous prenez la carte ?

- Ni carte ni chèque.

- D'accord…

- Voilà, mes vingt euros.

- Voici ma part.

— Moi, j'ai pas de monnaie… Un volontaire pour m'avancer ?
Je te rembourse en clopinettes !

- Putain, c'est chaque fois la même comédie !

- C'est pas ma faute si j'ai que des bitcoins, moi !

- Trouve-toi un vrai job, espèce de parasite !

- Comptez, Monsieur : un petit 80 balles, juste un détail !

- Nickel, merciii !

- À plus dans le bus !

- Bonne soirée, et surtout… méfiez-vous des pigeons !

- Ces Asiatiques, tous des serial-snackeurs de baguettes !

- Tout le monde est voleur dans cette ville.

- Ici, si tu clignes des yeux, on te facture l'air conditionné.

- Comment se déroulera la soirée ?

- La soirée ? Un concours de bites… sans prix de consolation.

— Vos invitations, s'il vous plaît ?

- Oh flûte ! J'ai oublié la mienne…

- Sans invitation, pas d'entrée. C'est la loi.

- Lui, il est avec nous. Promis, il sent pas trop mauvais.

- C'est Picsou qui nous a invités. Le gros radin hyper-riche,
vous voyez ?

- Picsou ? Jamais entendu parler. Il paye en jetons de casino, lui
aussi ?

- Allez, soyez cool… On a un gâteau d'anniversaire à sauver !

- Sans invitation, c'est niet. Niet, niet, niet !

- Euh… Quoi ?

- Les ordres viennent du grand manitou.

- V'là' aut' chose ! Ou de son chien. On sait jamais.

- Mais pour qui se prend ce King Kong décoiffé ?
- Chuuut ! C'est un ex-taulier du ring, celui-là !
- Dégagez le passage, les amis !
- Stéphane et Olivier, on y va, Picsou nous attend !
- Toi, Adam, tu fais meuble décoratif, ok ?
- Salut, Mongo Baobab!
- Salut, mon cœur de mangue mûre !
- On dit que ton père s'est fait sushi façon trahison ?
- Ouais, ma chérie…
- Ton tonton flingueur a piqué le fauteuil royal.
- Mais regarde cette main ! *Il montre son poing de titan.*
Un jour, elle déclenchera la guerre TikTok, et toi,
tu seras ma reine des likes !
- La justice coule en moi comme un Red Bull dans un jacuzzi.
- Arrête de chialer, Mongo Baobab.
- Laisse-moi délirer, ô toi, la miss Dior des tropiques !
- T'es un BG !
- Et toi, ma wonder-woman ! Que puis-je faire pour toi ?
- Ne me refuse pas l'entrée de ton antre sacré.
- Hé, macaque qui pique, moi aussi, j'ai le droit d'entrer !
- Minibot morveux, tu veux finir en puzzle 3D ?
- Vautour lubrique, ôte tes griffes de moi !
- Prépare ton CV, car t'es candidat pour le fleuve Styx en kayak !
- Gorille des neiges, retourne à ton spa boueux !
- Marjolaine d'égout, je vais t'en coller une, moi !
- Sale enfoiré de ta mère !
- Fils de licorne mal léchée, c'est fini pour toi !
- Aïe ! Aïe ! Ça chauffe plus que mon micro-ondes !
- Et là… PAF ! Nuit d'artiste. C'est l'heure de la sieste forcée.
- Houla, le SAMU ! Il y a un blessé grave !
- Bon sang, il fait de la peinture abstraite !
- Un docteur, vite !
- Black-out total !
- D'un coup, j'ai cru qu'on avait éteint les lumières… mais non,
C'était simplement moi qui étais K.O.

- Faut appeler les flics…
- C'est lui qui a commencé. Il a traité ma mère de « mamie low-cost ».
- Mongo Baobab, mon frérot, tire-toiille !
Tes papiers sont plus faux qu'un billet de Monopoly !
T'as signé avec un smiley, ça passe pas à la préfecture !
- Merci, ma chérie, smack ! Moi, je file en mode « homme invisible ».
Enfin, « noir dans la nuit », quoi.
Moi, Adam, K.O. spectacle offert !
Transfusions en promo, tête façon puzzle 3D,
mâchoire en mode balançoire.
Étoiles filantes ? Non, juste des mouches.
Froid ou pas froid ? Bah, la neige s'en fout, elle tombe.
Le sol me fait un câlin, les secours font du surplace :
« On touche pas, c'est peut-être contagieux… ou juste moche. »
Pendant ce temps, dans une case africaine :
- Mongo Baobab t'es un serial killer de gobelets !
- Maman Bonga-Gemena, je défends ton honneur… et ta race.
- Bienvenue au pays, mon fils !
- Jette-moi dans un trou noir, ma mère !
- Mon enfant, ton visage a tout perdu, il ne sait plus rire.
- J'ai vu les lumières de la ville… et elles m'ont éteint.
- Ne crains rien, ton esprit va revenir, mon petit !
Quant à moi, retour au bercail (version tragico-comique) :
- Bienvenue mon fils ! … T'as un ticket pour la prochaine
greffe de visage ?
- Maman, balance-moi dans l'espace, j'ai déjà l'air
d'un extra-terrestre.
- Mon chou, t'as plus de menton, mais garde l'humour… ou ce
qu'il en reste !
« Regardez, c'est joli, la coulée rouge sur la neige ! »
On m'amène d'urgence à l'hôpital.
Lumière rouge giratoire.

ROUND 4

Kelvin Cox, le blouson, contre Vieux Veston.

Corps à corps. Accrochés au portemanteau, une techno puissante se mêle au hurlement d'une sirène, sous la lueur tournoyante d'un néon rouge.

KELVIN COX

Regarde-toi, fossile ambulant ! T'as repris tes comprimés contre la rancœur ? Ce soir, c'est moi le king du dressing, et ça te file des sueurs froides !

VIEUX VESTON

Jaloux ? Moi ? Pff. Il m'a juste regardé trois fois en soupirant « Putain, l'vieux, t'as du style ».

KELVIN COX

Hahaha ! Il cherchait une écharpe, point barre. T'es son option « déprime fiscale ».

VIEUX VESTON

Avec toi, il va grelotter, mon petit cachet de lessive. T'es aussi chaud qu'un frigo en panne.

KELVIN COX

Vieille peau, va ! T'es si rétro qu'on devrait t'exposer au Musée des Oubliettes. Moi, j'ai la jeunesse éternelle… toi, t'as la marque des coups de brosse à chiottes.

VIEUX VESTON

Arrête de me genrer en féminin, espèce de tissu malade ! Je suis un veston, un vrai, avec des poches et un passé !

KELVIN COX

Oh mon Dieu, la sénilité le guette… « Veston » ? Plutôt « chiffon d'essuie-tout » recyclé en nid à mites.

VIEUX VESTON

Tais-toi, Kelvin Cox ! Qu'un cintre rouillé te transperce !

KELVIN COX

Tu veux la bagarre, hein ? Tu veux savoir comment un blouson hype défonce un tas de loques ?

VIEUX VESTON

Pff. T'es juste une doudoune high-tech qui se prend pour un tableau de Vinci. Moi, j'incarne l'élégance intemporelle, le grand seigneur des vestiaires !

KELVIN COX

T'incarnes surtout l'odeur du Vicks Vaporub et des regrets. Bientôt, tu finiras en torchon à cirer.

VIEUX VESTON

Il sort un flacon de popper de sa poche et renifle.
Ahhh… Le parfum de la victoire. *À Kelvin.* Toi, tu te baignes dans la vanité et les filtres Instagram. Un jour, on te cramera pour hérésie textile.

KELVIN COX

Il tente de attraper le flacon.
On dirait que tu as confondu prêt et butin de pillard… Alors on rend le trésor, pirate d'occasion !

VIEUX VESTON

Sans blague ! C'est dans ma poche qu'il l'a laissé, alors je le garde !
Reniflant à nouveau. Mmmmh… Liberté, égalité, popperité !

KELVIN COX

L'attrapant par le col.
Voyou ! Racaille ! Rends-moi ça ou je te transforme en chiffon VIP pour poubelle de luxe ! Pfiou ! T'as un parfum qui mixe pharmacie discount et cage à hamster mal lavé… Berk ! *Il le lâche, dégoûté.*

VIEUX VESTON

Chiffon mégalo ! Ferme ton clapet ! Si je sens le terroir de bistrot, c'est par choix : moi, je cultive l'authentique ! Ambiance vrai monde, discussions vraiment alcoolisées !

KELVIN COX

Ah, les mots… Belle pelure pour se donner un style bio-équitable. Tu traînes avec des clodos ? Appelle ça la démocratie en marinière. D'ailleurs, démocratie = démago, trompette = fanfare militaire, radotage = discours politique, et toi = vieux sac qui se croit vintage. Moi ? Je suis la jeunesse en HD, l'éclat pur ! Adonis en version fast-fashion !

VIEUX VESTON

Crevette des caniveaux ! Ta matière me fascine : on dirait du satin trempé dans un bucket list de nightclub douteux. Moi, pièce collector, je me demande… Si une hirondelle t'offrait un cadeau surprise, t'aurais la gueule d'un sushi oublié sous un banc ? Et ton look ? Un steak haché en colère, jeté dans un sac recyclable (par pitié).

KELVIN COX

Dégage, vieux blaireau ! T'es un crime contre l'odorat ! Juste te voir, mon estomac fait yoga inversé ! Honte ultime : partager un porte-manteau avec toi. Zara rencontre Emmaüs, c'est l'horreur.

VIEUX VESTON

Chiale pas, mon kohl's. La vérité, c'est le début d'une belle histoire d'amour-haine. Comme Macron et les retraités.

KELVIN COX

Toi, la vieille peluche rongée aux mites, ton amitié sent le fond de frigo ! Je préfère la guerre, au moins ça nettoie. T'es tellement has-been que même Emmaüs te refilerait un bon de retour.

VIEUX VESTON

En rotant un peu de saucisson.

Mon pauvre, si la connerie était une énergie renouvelable, tu ferais fermer toutes les centrales nucléaires.

KELVIN COX

Dans ce pays, on a le droit de dire des bêtises ! Et toi, t'es la preuve vivante que c'est efficace. Il faut vivre avec son temps, mon vieux !

VIEUX VESTON

Un homme moderne ? Un type qui vendrait sa mère en NFT pour s'acheter un burger.

KELVIN COX

Oh la ferme ! Ta morale à deux balles, même les pigeons du parc la trouvent indigeste.

VIEUX VESTON

Plus on thésaurise, plus ton cerveau ressemble à une armoire à glace… vide.

KELVIN COX

C'est bon, on a compris ! Va donc jouer aux fléchettes avec tes idées reçues, ou mate Hanouna en boucle pour voir si ça dégraisse ton cerveau.

VIEUX VESTON

Bougre d'imbécile ! Je me fous de penser différemment ! Les petits branleurs de ton espèce, je les emmerde ! Bande de vauriens qui puez le chewing-gum synthétique !

KELVIN COX

Sourire niais de teen série Netflix.
C'est ça, crache ton venin, vipère ! Mais quelle frustrée tu fais ! Inutile de discuter avec toi. Débarrasse le plancher, saute dans le vide, va plus loin que l'enfer ! Que veux-tu que je te dise de plus ?

VIEUX VESTON

Les hommes sont tombés au plus bas ! Ça dépasse la catastrophe ! La connerie coule à flots, il n'y a plus que des robots partout ! Le ciel vomit le long des murs, ça dégouline ! Tout est à l'envers au point qu'on est criblé de crottins, de mots vides ! Personne n'écoute personne ! C'est l'ère des banquiers, des performances, des enveloppes planquées dans les fesses ! On est toujours responsable mais jamais coupable ! Une vraie arnaque sans fin ! Putain de monde, j'implose !

KELVIN COX

Tranquillise-toi, mamie, ta fin va bientôt sonner.

VIEUX VESTON

Toi, écrase, écrase… ou je te dégomme !

KELVIN COX

Moqueur. Aïe, maman, j'ai peur ! Pauvre paumé ! Oiseau de mauvais augure ! Spermatozoïde avarié !

VIEUX VESTON

Explosant. Nom d'un putois, tu l'as cherché ! *Il lui assène un hyper-coup. Kelvin Cox tombe du portemanteau. Entre Adam.*

ADAM

Eh, merde, mon blouson ! Il va se salir.

Le ramasse comme si c'était un bébé phoque échoué.

Sans toi, ce soir, je suis cuit. Ta seule présence suffit à ma gloire… et à ma survie sociale.

Silence. Le Vieux Veston ricane dans un coin, satisfait comme un chat qui a fait tomber un vase. Discrètement Kelvin Cox tire la langue à Vieille Peau, qui lui répond en crachant sur lui.

ADAM

C'est alors qu'il repéra la trace révélatrice d'un crachat sur Kelvin Cox.

Oh non, une tache ! La vache, c'est la fin du monde ! Dieu me punit pour avoir mangé tout le paquet de chips… Un chiffon, vite !

KELVIN COX

Espèce de vieille chaussette moisie ! Tu as osé me cracher dessus avec ton jus de chewing-gum périmé ?! Ton haleine sent le sandwich au thon oublié dans une voiture en août !

VIEUX VESTON

Oh, tu veux jouer ? Parfait ! Moi, j'adore les jeux… surtout ceux où je triche !

KELVIN COX

Ah, le furoncle ambulant ! Je vais te transformer en tapis Ikea ! *Il arrache un morceau de fourrure avec un bruit de scratch velcro.*

VIEUX VESTON

Aïe ! Aïe ! On dirait une épilation à la cire ! Au secours, je me transforme en peluche dégarnie !

KELVIN COX

Tu crois que c'est fini ? Attends, je vais te customiser style « vintage troué » ! *Il arrache un autre bout avec un sourire diabolique.*

VIEUX VESTON

Brrr, je ressemble à un pull moche des années 80 ! Pitié, arrête, je vais finir en serpillière !

KELVIN COX

Crie encore, j'adore les cris… ça couvre le bruit de mon estomac qui gargouille ! Je vais te transformer en tapis de souris !

VIEUX VESTON

J'ai l'impression d'être un échantillon gratuit chez le coiffeur !

Quelqu'un appelle les secours… ou au moins un bon couturier !

KELVIN COX

Et voilà le scalpage premium ! *Il arrache un dernier morceau en criant :* « OFFRE SPÉCIALE : DÉGARNITURE À VIE ! »

VIEUX VESTON

Kelvin Cox, je t'en conjure ! Tiens, le popper, c'est cadeau ! *Adam arrive avec un chiffon humide, mais Kelvin, pris de panique, balance le morceau de fourrure comme une patate chaude.*

ADAM

Mais… c'est quoi ce carnage ? Mon veston ! Ma seule armure contre l'apocalypse glaciaire ! Il se déplume comme un dodo en crise ! Je délire ? Le cosmos conspire contre moi ! *Hoquet.* Hip… Je suis foutu. Peut-être que je devrais parler plus à mes vêtements, hip… Là-bas, dans l'ombre, des yeux luisent, hip… Ils ignorent à quel point je suis une loque. Bientôt, ce sera l'hosto… ou le corbillard, hip… Le froid me transforme en théière ! Ma mère, hip… cette légende, m'avait appris à repriser. La famille, hip… c'est comme une machine à coudre : ça dépanne. Mon veston adoré, je… hip… te sauverai ! Pas de larmes, je… hip… reviens… hip… *Il s'éloigne en titubant.*

KELVIN COX

Wow, c'est mec est une catastrophe ambulante. La victoire, c'est 90% de psychose et 10% de chance.

VIEUX VESTON

Ferme ton clapet, espèce de tas de chromosomes mal rangés ! Ça le suffoque, c'est évident : regarde son hoquet.

KELVIN COX

Sadiquement ravi.

Oh, le petit frissonnant ! Et toi, tu gigotes comme une crevette en panique ! Encore un seul mot, et tu finiras en charpie !

VIEUX VESTON

Mais qui t'a autorisé à jouer les tyrans de bazar ?

KELVIN COX

À contrecœur, certes… mais entre nous, j'en kiffe grave. C'est plus fort que moi, c'est dans mon ADN. *Sourire de psychopathe.*

VIEUX VESTON

T'es complètement débile ! Ton ego a pris des stéroïdes ou c'est juste ta casquette qui te serre trop le crâne ?

KELVIN COX

Tu m'épuises ! Sans moi, ce monde serait un champ de bisounours en feu. Faut des dents, mon gars. Et toi, t'as même plus celles de sagesse.

VIEUX VESTON

T'es un vampire de l'économie, Kelvin Cox. Un mix entre Dracula et mon ex-comptable.

KELVIN COX

La loi de la jungle, mon pote. Darwin aurait adoré mon LinkedIn.

VIEUX VESTON

Que le ciel me protège… ou au moins me file un parapluie ! Espèce de tondeuse à gazon humaine !

KELVIN COX

Si tu veux jouer à l'autruche, vérifie d'abord que j'ai pas besoin de plumes. Et passe-moi ce popper !

VIEUX VESTON

Nan, il est à moi. Avec ce froid, mes narines sont en grève générale.

KELVIN COX

Dégainant un épluche-légumes.

Je suis à deux doigts de te transformer en carpaccio !

VIEUX VESTON

J'ai trop froid pour être tranché fin. Et en plus, j'ai oublié mon assaisonnement.

KELVIN COX

Et moi, J'ai la patience d'un micro-ondes. Attention, je ne te le demanderai pas deux fois.

VIEUX VESTON

Tout mon être tremble… mais c'est juste parce que j'ai bu trois expressos.

KELVIN COX

Menaçant. J'attends…

VIEUX VESTON

D'abord, pause pipi. La vengeance est un plat qui se mange… mais pas avec une vessie pleine.

KELVIN COX

Qu'est-ce qui me retient de te zigouiller ?… Probablement mon contrat de parrainage chez les thérapies alternatives.

VIEUX VESTON

Ça alors… Il est plus coincé qu'un hipster dans un ascenseur. Un effort… presque là…

KELVIN COX

T'as intérêt à accélérer, sinon je te donne à Emmaüs.

VIEUX VESTON

Patience, mon ami, le génie sort lentement de sa bouteille…

KELVIN COX

Pourquoi tu me regardes comme ça ? T'as besoin d'un coaching pour pisser ?

VIEUX VESTON

C'est toi qui m'as mis dans cet état…

KELVIN COX

Allez, dépêche-toi avant que je me transforme en statue de glace !

VIEUX VESTON

EUREKA ! *Il arrose Kelvin avec enthousiasme.*

KELVIN COX

Arrête, merde ! Je suis plus trempé qu'une laitue en detox !

VIEUX VESTON

Trempé ? Non, hydraté. C'est ma façon de te dire « Je t'aime » en morse liquide.

KELVIN COX

Super… Maintenant, je sens le pipi de vestiaire. Merci, hein.

VIEUX VESTON

Désolé, mais tu m'as pressé de sortir…

KELVIN COX

« Pressé » ?! Je vais te presser, moi… direct en machine à 90° !

VIEUX VESTON

Regarde-toi… T'es le premier SDF designer arrosé à l'eau de vieille veste.

KELVIN COX

Hurlant, façon tueur en série textile.

Je vais te mettre en morceaux, vieille loque !

Bagarre épique. Un portemanteau vole en éclats. Kelvin Cox, veste en cuir ultra-branchée, lacère sans pitié un pauvre Veston râpé.

Face de rat moisi ! Tas de fils effilochés ! J'aurais dû te balancer chez Emmaüs y'a dix ans ! *Il arrache une manche avec un craquement sadique.*

Regarde-toiii… T'as l'air d'une momie discount ! Moi, par contre… *il se rengorge, lumière hollywoodienne.* Je sors pas d'un bazar poussiéreux de Bangkok, non, non. Je suis une œuvre d'art ! Portée par des mecs stylés qui claquent leur thune en champagne et en after-hours ! Dans un monde… où la fringue fait la loi… un justaucorps va se venger.

La BO passe en turbo : techno survitaminée, logos de luxe qui flashouillent façon clip de rap… Kelvin Cox pose devant un miroir, l'air satisfait. Gros plan sur l'étiquette « Made in Italy ».

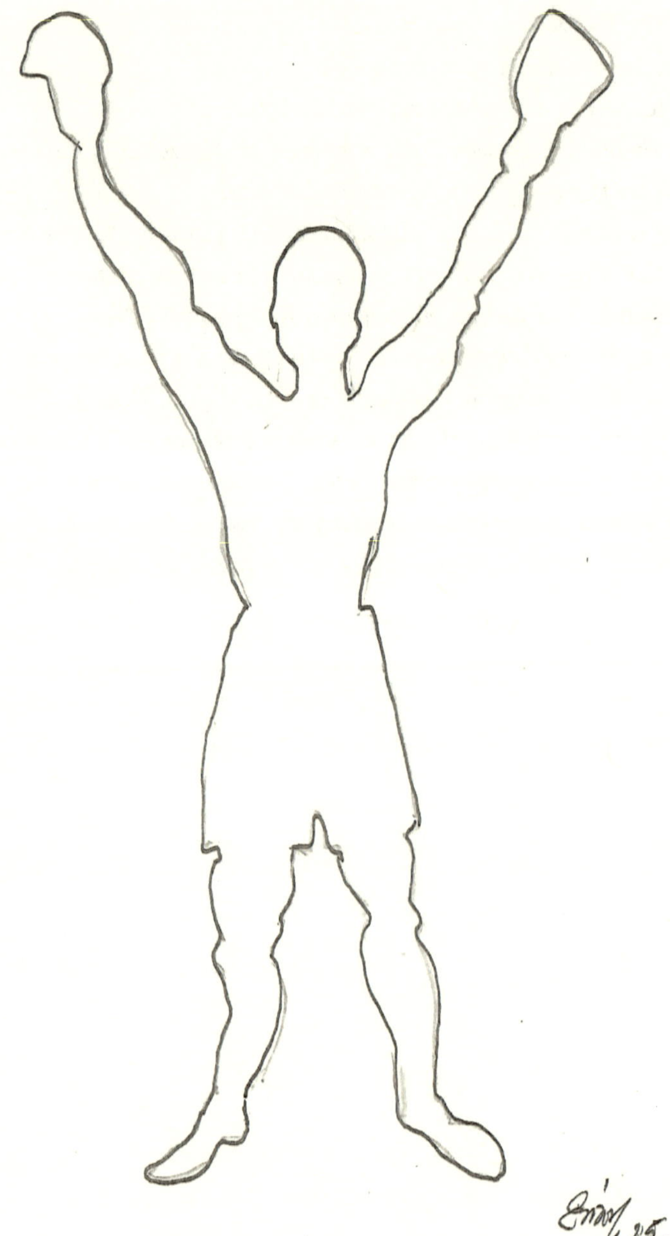

ROUND 5

Le Come-back Tragi-comique d'Adam-Gueule-de-Raie :
Ève a amené son boa ici,
et moi, depuis ma rédemption :
Je suis l'Adam des ruelles,
sans Ève ni paradis,
mais dans ma chair étincelle
le premier cri.
Pendant des siècles et des lustres (enfin, quelques jours),
Je me suis terré comme un vampire en crise de mélancolie.
— Sors de ta grotte !
— Chut, fiche-moi la paix !
— Allez, un selfie pour Instagram !
— Jamais de la vie ! Je suis en mode ermite turbo !
— Ça te détendra.
— N'y compte pas.
— C'est le printemps.
— Je reste emmitouflé, comme prisonnier de l'hiver.
Ève est sympa… Trop sympa.
Je la swipe à droite… et à gauche.
Malgré ses petits plats et ses attentions,
Ce que je ressens, c'est…
« Merci, next. »
Désolé, Ève, mais mon cœur est en grève.
Je suis comme ça :
Satan a pris un abonnement premium en moi.
Pardon, Ève, pardon !
(Mais bon, au moins, je ne te cache plus sous la table.)

Ève, tu mérites mieux qu'un gars qui se comporte comme une patate en cabane.

Va trouver le vrai Adam : lui, au moins, aime les pommes.

Moi, à mon reflet :

« Bon, OK, je n'ai plus honte de toi. Mais c'est pas une raison pour abuser. »

Scène d'amour improbable :

Je caresse le boa comme un héros de télénovela.

« Mon doux serpent, ton venin ne glace plus mon cœur…

Par contre, mon nez, si. Merci. »

Le grand dévoilement (spoiler : c'est la cata) :

Le temps est venu d'enlever mon bandage…

Déjà que je suis un monstre certifié ISO 9001,

je me demande si mon nez aura une forme… ou juste une âme.

Auto-coaching désespéré :

« Du calme, mec. La beauté vient de l'intérieur…

Sauf que moi, mon intérieur a fui par les trous de mon visage. »

Plan B professionnel :

« Je pourrais bosser dans un cirque :

- Clown ? Trop cliché.

- Gueule d'attraction foraine ? « Voyez Adam, mi-homme, mi-trou de cul ! » Sublime.

Crise existentielle express :

« 20 ans, défiguré, fauché… La vie devant moi ? Super. Une vie de Dark Souls en mode cauchemar. »

Retour aux sources (parents pas aidants) :

- Papa : « Rentre vendre des cercueils ! Tu seras riche ! »

- Moi : « Non. »

- Papa : « T'as pas de diplôme ! »

- Moi : « J'ai pas de nez non plus, et alors ? Priorités ! »

Coming out improvisé :

- Moi : « DE TOUTE FAÇON, JE SUIS PÉDÉ ! »

- Papa (paniqué) : « C'est la morphine qui parle ! »

- Moi : « Non, c'est mon cœur. Enfin, ce qu'il en reste. »

Dénouement philosophique :
« Je suis fauché, difforme, et j'en ai rien à foutre.
(Enfin si, mais je fais genre pour énerver mon père.) »
Ève a fait les courses – bon, je lui dois des sous,
mais c'est pas urgent, si ?
Son boa, lui, se prend pour mon psy nocturne :
« T'as l'air seul, frérot. Allez, câlin serpentin ! »
Moi qui voulais juste dormir, pas faire un stage en zoologie…
Bon, allez, on respire. Un… deux… trois… Je retire le pansement.

Réalité :
J'ai toujours le nez en patate. Pas en trompette.
« À Paris comme au fin fond du Lidl, sans nez photogénique, t'es
invisible. »

Traduction :
Tu finis en fond de story Instagram, à hurler dans le vide.
Silence. Adam ôte son dernier bandeau.
Une lumière divine l'éclaire… ou peut-être juste la lampe IKEA.
Il retire la feuille de vigne.
— Trop tard pour l'innocence, mon gars.
Le rideau tombe. Fin. Ou début des problèmes ?

Moralité :
Avoir un reptile pour coloc, c'est sympa… jusqu'à ce qu'il te fasse des
confidences à 3h du mat.

Du même auteur :

« La femme escabeau », (théâtre). Disponible sur Amazon.

« Au kilomètre 0 », (poésie). Disponible sur Amazon.

« Je n'est plus un autre », (poésie). Disponible sur Amazon.

« 5 notas para un acordeón », (poésie - espagnol). Disponible sur Amazon.

« Athaix toix pixel », (poésie – espagnol). Disponible sur Amazon.

« Antología del agua », (poésie – espagnol). Disponible sur Amazon.

« Del crepúsculo con toda suerte de pájaros », (poésie – espagnol). Disponible sur Amazon.

Autres éditeurs :

« Desnudez / Nudité », bilingue français – espagnol, Editions Fata Morgana, France. (Poésie).

« Sable », Edition Fata Morgana, France. (Poésie).

« Poésie libertine de chaussures », Editions Color Gang, France. (Poésie)

« Mala Sangre », bilingue français – espagnol Editions, Color Gang, France. (Poésie)

« A l'aube du sacré », Editions L'Harmattan, France. (Poésie).

« La satira del pomodore », bilingue italien – espagnol, Edition La stanza del poeta, Italie. (Récit).

« La ira del sol », bilingue français – espagnol, Editions Domens, France. (Poésie).

« K.O. »

Enán Burgos

PLEAMAR EDITIONS

Le 22 mars 2025

île soupires

France.

100 exemplaires

Dépôt légal : Le 22 mai 2025